NEJLEPŠÍ OHŘÍVAČE KRBU 2024

Nápoje, sladkosti a Sdílené položky , které si užijete u táboráku

Marcela Šenková

Materiál chráněný autorským právem ©2024

Všechna práva vyhrazena

Žádná část této knihy nesmí být použita nebo přenášena v jakékoli formě nebo jakýmikoli prostředky bez řádného písemného souhlasu vydavatele a vlastníka autorských práv, s výjimkou krátkých citací použitých v recenzi . Tato kniha by neměla být považována za náhradu lékařských, právních nebo jiných odborných rad.

OBSAH

OBSAH 3
ÚVOD 6
PODÍLENÉ 7
   1. Camping Donut Holes 8
   2. Batůžkářské bary 10
   3. Oranžový pohár perník 12
   4. Camping Chléb Pizza Sendviče 14
   5. Camp Skewered Cantaloupe 16
   6. Chuckwagon Kabobs 18
   7. Camping Orange Muffins 20
   8. Camping French Toast 22
   9. Zázvorový chléb a jablečná omáčka 24
   10. Camping Bl ue Corn Tortillas 26
   11. Základní chléb Bannock 28
   12. Táborový chléb 31
   13. Camp Cornbread 33
   14. Brambory se slaninou 35
   15. Camp Donuts 37
   16. Opičí chléb na táborák 39
   17. Holandský Pivní chléb 41
   18. Ohnivé horké sendviče 43
   19. Camping kvasnicové palačinky 45
CUKROVÍ 47
   20. Banánová loď 48
   21. Backcountry dort 50
   22. Camping Orange Surprise 52
   23. Táborový ševec 54
   24. Sladké dobroty 56
   25. Sušenky z arašídového másla 58
   26. Jemnější jablka 60
   27. Camping Dump Cake 62
   28. Cherry Fudge dobroty 64
   29. Kávová plechovka zmrzlina 66
   30. Trail Brownies 68
   31. Ohniště skořicová jablka 70
   32. Campfire Cinnamon Coffeecake 72
   33. Fondue s táborákem 74
NÁPOJE 76
   34. Táborák horké kakao 77
   35. Camping C owboy Coffee 79
   36. Belgický Hot Toddy 81

37. Chai Hot Toddy 83
38. Peach Hot Toddy 85
39. Bezový horký elixír Toddy 87
40. Heather Honey Hot Toddy 89
41. Svařené rozmarýnové víno a černý čaj 91
42. Svařené pivo s kořením a brandy 93
43. Horká čokoláda s kardamomem a růží 95
44. Kořeněná horká čokoláda inspirovaná Mexikem 97
45. Perník kořeněná horká čokoláda 99
46. Chai kořeněná horká čokoláda 101
47. Peta horká čokoláda 103
48. Horká čokoláda Red Velvet 105
49. Sýrová horká čokoláda 107
50. Horká čokoláda s kozím sýrem a medem 109
51. Modrý sýr Horká čokoláda 111
52. Horká čokoláda s parmazánem a mořskou solí 113
53. Pepper Jack a horká čokoláda Cayenne 115
54. Toblerone horká čokoláda 117
55. Cheesy Hot Toddy 119
56. Kokosová horká čokoláda 121
57. Horká čokoláda Ferrero Rocher 123
58. Honeycomb Candy Horká čokoláda 125
59. Javorová horká čokoláda 127
60. Růžová horká čokoláda 129
61. Pomerančový květ horká čokoláda 131
62. Bezová horká čokoláda 133
63. Ibišek horká čokoláda 135
64. Levandulová horká čokoláda 137
65. Hořká čokoláda Matcha 139
66. Mátová horká čokoláda 141
67. Rozmarýnová horká čokoláda 143
68. Bazalková horká čokoláda 145
69. Šalvějová horká čokoláda 147
70. Oreo bílá horká čokoláda 149
71. Horká čokoláda Biscoff 151
72. Horká čokoláda Snickerdoodle 153
73. Mátový čokoládový čip Horká čokoláda 155
74. Perník Hot Chocolat e 157
75. Svařené víno 159
76. Pudsey bear sušenky Horká čokoláda 161
77. Brownie horká čokoláda 163
78. Horká čokoláda Açaí 165
79. Černý les horká čokoláda 167
80. Pikantní aztécká horká čokoláda s tequilou 169

81. Jahodová horká čokoláda 171
82. Pomerančová horká čokoláda 173
83. Malinová horká čokoláda 175
84. Banánová horká čokoláda 177
85. Nutella horká čokoláda 179
86. Horká čokoláda inspirovaná PB&J 181
87. Arašídové máslo s banánem horká čokoláda 183
88. Serendipity's Frozen Hot Chocolate 185
89. Horká čokoláda Amaretto 188
90. Horká čokoláda napuštěná vínem 190
91. Horká čokoláda s mátou peprnou 192
92. RumChata kořeněná horká čokoláda 194
93. Kořeněná pomerančová horká čokoláda 196
94. Kavárna Au Lait 198
95. Klasické Americano 200
96. Macchiato 202
97. Moka 204
98. Latte 206
99. Baileys Irish Cream Horká čokoláda 208
100. Mexická kořeněná káva 210

ZÁVĚR 212

ÚVOD

Vítejte v „NEJLEPŠÍ OHŘÍVAČE KRBU 2024", vašem průvodci, jak vytvořit útulný a nádherný zážitek u táboráku. Tato kolekce je oslavou vřelosti a kamarádství, které přichází se sdílením nápojů, sladkostí a sdílených věcí v mihotavé záři plamenů. Vydejte se s námi na cestu, která promění vaše venkovní setkání v nezapomenutelné okamžiky plné uklidňujících dobrot a radosti ze sounáležitosti.

Představte si scénu, kde praskající oheň poskytuje kulisu pro smích, příběhy a vůni lahodných pochoutek u krbu. "NEJLEPŠÍ OHŘÍVAČE KRBU 2024" není jen sbírka receptů; je to průzkum umění vytvářet nezapomenutelné okamžiky u táborového ohně. Ať už kempujete s přáteli, pořádáte táborák na zahradě nebo prostě toužíte po útulném večeru u krbu, tyto recepty jsou vytvořeny tak, aby obohatily váš venkovní zážitek o lahodné nápoje, sladkosti a věci, které můžete sdílet.

Od zahřívacích nápojů, jako je kořeněný jablečný mošt a horká čokoláda, po mazlavé s'mores a slané občerstvení k táboráku, každý recept je oslavou chutí a tradic, které dělají setkání u ohně výjimečným. Ať už popíjíte uklidňující drink, dopřáváte si sladkou pochoutku nebo se dělíte o chutné kousky s přáteli, tato kolekce je vaším průvodcem, jak vylepšit vaše ohřívače u krbu.

Přidejte se k nám, když se vydáme na cestu světem požitků u krbu, kde každý výtvor je svědectvím radosti ze setkání u ohně, spojení s blízkými a vychutnávání si jednoduchých radovánek z venkovních chvil. Takže si posbírejte přikrývky, rozdmýchejte plameny a pojďme vytvořit trvalé vzpomínky s "NEJLEPŠÍ OHŘÍVAČE KRBU 2024".

PODÍLENÉ

1. Camping Donut Holes

SLOŽENÍ:
- 2 podmáslí sušenky v plechovce (typ pop open)
- 1 šálek zkrácení
- 1 šálek moučkového cukru nebo směsi cukru/skořice

ZVLÁŠTNÍ VYBAVENÍ:
- papírový sáček

INSTRUKCE:

a) Na čistém pracovním místě rozbijte plechovky od sušenek a vezměte každou sušenku, rozdělte ji na čtvrtiny a každý kousek srolujte do koule.

b) Na pánvi rozpustíme tuk.

c) Vezměte každou kuličku a smažte na pánvi asi 1 minutu z každé strany.

d) Snažte se nepřekrýt pánev vařením najednou. Bude snazší zhnědnout každou stranu.

e) Lžící vyndejte kuličku a vložte do sáčku naplněného cukrem a protřepejte.

2.Batůžkářské bary

SLOŽENÍ:
- 1 šálek másla
- 4 vejce - lehce rozšlehaná
- 1 ½ šálku hnědého cukru
- 2 šálky celých mandlí
- 1 šálek rychlého vaření ovesných vloček
- 1 šálek čokoládových lupínků
- 1 hrnek celozrnné mouky
- ½ šálku nakrájených datlí
- 1 hrnek bílé mouky
- ½ šálku nasekaných sušených meruněk
- ½ šálku pšeničných klíčků
- ½ šálku strouhaného kokosu
- 4 lžičky nastrouhané pomerančové kůry

INSTRUKCE:

a) Předehřejte troubu na 350 °C. Smetanové máslo s 1 šálkem hnědého cukru.

b) Vmíchejte oves, pšeničnou mouku, bílou mouku, pšeničné klíčky a pomerančovou kůru.

c) Vtlačte směs na dno nenamazaného pekáče o rozměrech 9 x 13 palců.

d) Smíchejte vejce, mandle, čokoládové lupínky, datle, meruňky, kokos a zbývající ½ šálku hnědého cukru. Jemně, ale důkladně promíchejte.

e) Nalijte na máslovou směs. Rovnoměrně rozetřete. Pečte 30–35 minut a před nakrájením na tyčinky vychladněte.

3.Oranžový pohár perník

SLOŽENÍ:
- 7 pomerančů
- Vaše oblíbená perníková směs

INSTRUKCE:
a) Vydlabejte pomeranče shora a ujistěte se, že jste do pomeranče nevyřízli díru (kromě horní).
b) Pomeranč do poloviny naplňte perníkovým těstem.
c) Pomeranč volně zabalte do hliníkové fólie.
d) zabalené v hliníkové fólii vložte na uhlíky táborového ohně a nechte vařit přibližně 12 minut.
e) Vyzkoušejte je, zda je perník hotový. Pokud ne, vložte zpět do uhlí a vařte ještě několik minut.
f) Užívat si!

4. Camping Chléb Pizza Sendviče

SLOŽENÍ:
- Chléb
- Máslo
- 1 plechovka omáčka na pizzu
- Pepperoni, nakrájené na plátky
- 1 balení strouhaného sýra na pizzu

INSTRUKCE:
a) Odřízněte část fólie dostatečně velkou na zabalení sendviče s pizzou. Umístěte fólii tupou stranou nahoru.
b) Jednu stranu krajíce chleba namažte máslem a položte je máslem dolů.
c) Na chleba namažte pizzovou omáčkou. Přidejte feferonky (nebo cokoliv jiného).
d) Přidejte pizza sýr. Namažte jednu stranu dalšího plátku chleba a položte jej máslem nahoru na sendvič s pizzou.
e) Zabalte svůj sendvič s pizzou do fólie a položte na žhavé uhlíky na 3-4 minuty z každé strany, v závislosti na tom, jak jsou vaše uhlíky skutečně horké.
f) Rozbalit a sníst.

5. Camp Skewered Cantaloupe

SLOŽENÍ:
- 1 meloun
- ½ šálku medu
- ¼ šálku másla
- ⅓ šálku nasekaných čerstvých lístků máty

INSTRUKCE:
a) Předehřejte gril na střední teplotu.
b) Navlečte kousky melounu na 4 špejle. V malém hrnci rozehřejte máslo nebo margarín s medem, dokud se nerozpustí. Vmícháme mátu.
c) Potřete meloun medovou směsí. Lehce naolejujte rošt.
d) Špízy položte na rozehřátý gril. Vařte 4 až 6 minut a otočte, aby se opekly všechny strany.
e) Podávejte se zbylou omáčkou na boku.

6. Chuckwagon Kabobs

SLOŽENÍ:
- Balení 16 uncí párky v rohlíku -- nakrájené na třetiny
- 16 uncový balíček uzených franků -- nakrájený na třetiny
- Balení 30 uncí mražené steakové hranolky

INSTRUKCE:
a)   Všechny suroviny střídavě napichujte na špejle; v případě potřeby volně zabalte do pevné fólie.
b)   Grilujte bez víka grilu na středně vysoké teplotě (350-400 stupňů) 3-4 minuty z každé strany.

7. Camping Orange Muffins

SLOŽENÍ:
- směs na muffiny
- čerstvé bobule
- 6 celých pupečních pomerančů

INSTRUKCE:

a) Vezměte si svou oblíbenou směs na muffiny a přidejte trochu čerstvého ovoce.

b) Pomeranče rozkrojte napůl a odstraňte části, ale do slupky nevrtejte díru.

c) Do poloviny nalijte muffinovou směs a přikryjte druhou polovinou. Zabalte do fólie a vařte 10 až 12 minut nebo podle návodu na mixování.

8.Camping French Toast

SLOŽENÍ:
- 2 libry tlusté nakrájené slaniny
- Kváskový chléb
- 4-6 vajec
- vanilkový extrakt
- tyčinky skořice
- javorový sirup

INSTRUKCE:
a) Rozdělejte opravdu dobrý oheň s uhlím. Na litinové pánvi opečte slaninu. Uchovávejte všechen tuk ze slaniny na pánvi.
b) Kváskový chléb nakrájejte na silné plátky silné alespoň 1 palec.
c) Do mísy ušlehejte vejce, trochu vody, hodně pravého vanilkového extraktu a trochu strouhané skořice.
d) Chléb namočte do vaječné směsi, aby byl dobře a nasáklý , a vložte do horkého tuku ze slaniny.
e) Vařte, dokud nebude dobrá a hnědá a křupavá.
f) Po celé ploše polijte pravým javorovým sirupem.
g) Nejlépe chutná venku v lese!

9.Zázvorový chléb a jablečná omáčka

SLOŽENÍ:
- 1 krabička směsi perníku
- 24 uncí sklenice jablečného pyré

INSTRUKCE:
a) Založte táborák z tvrdého dřeva.
b) Jablečnou omáčku nalijte do vymaštěné litinové holandské trouby.
c) Podle návodu smícháme perníkové těsto a přelijeme jablečnou omáčkou .
d) Položte přiklopenou holandskou troubu na lože s uhlíky a na víko položte lopatu plnou žhavých uhlíků. NEUMÍSŤUJTE holandskou troubu DO velkého lože uhlí, ale pouze na jednu vrstvu žhavého uhlí.
e) Pokud používáte dřevěné uhlí, postavte holandskou troubu na lože žhavého uhlí a přibližně stejný počet položte na víko.
f) Po 20 minutách zkontrolujte propečenost. Nechcete připálit jablečnou omáčku, ale chcete , aby byl zázvorový chléb propečený. K testování použijte párátko. Podávejte horké!

10. Camping Blue Corn Tortillas

SLOŽENÍ:
- 2 šálky modré kukuřičné mouky
- 1 lžíce olivového oleje
- 1 ½ šálku teplé vody
- špetka hrubé soli

INSTRUKCE:
a) Modrou kukuřičnou mouku smícháme s olivovým olejem a teplou vodou se špetkou soli.
b) Z tortillové mouky vyválejte kulaté koule o velikosti tenisového míčku a naplocho je vmáčkněte mezi průhledné sáčky.
c) Smažte je nad ohněm v železné pánvi.

11. Základní chléb Bannock

SLOŽENÍ:
- 1 hrnek mouky (bílá nebo směs bílé a celozrnné)
- 1 lžička prášku do pečiva
- ¼ lžičky soli
- ¼ šálku sušeného mléka
- 1 polévková lžíce tuku

INSTRUKCE:
a) Připravte si směs předem doma. Prosejte všechny suché ingredience a pak postupně nakrájejte tuk pomocí vykrajovátka na pečivo nebo dvou nožů, dokud nezískáte granulovanou směs podobnou kukuřičné mouce.
b) Balení v sáčku na zip pro snadnou přepravu. Můžete vyrobit velké dávky najednou a připravit dostatek směsi Bannock na výlet v krátké době. Suché ingredience nezapomeňte dobře prosít, abyste neměli problémy s kynutím.
c) Klíčem k pečení je stálé teplo. Zatímco plameny neznamenají špatný oheň na vaření, nejlépe fungují červeně žhnoucí ohně z tvrdého dřeva. Začněte s malou litinovou pánví a dobře ji naolejujte.
d) Nalijte trochu vody do sáčku se zipem a promíchejte. Protože voda a prášek do pečiva tvoří oxid uhličitý, aby byl chléb světlý, čím rychleji přejdete od mixování k pánvi, tím světlejší bude váš Bannock (vždy však budou hrudky).
e) Kolik vody přidáte, závisí na vlhkosti a osobní chuti. Nechcete , aby byl řidší než muffinová konzistence. V případě potřeby můžete těsto rozdělit šťouchnutím prstu nebo tyčinkou nebo lžící, ale mělo by se vytvořit poměrně konzistentní hrudka. Pamatujte, že je vždy snazší přidat vodu, než ji odebírat.
f) Směs vymačkejte ze sáčku na rozehřátou pánev (ne opaření – pokud se z oleje kouří, je příliš horký). Pánev lze nahřívat nad ohněm, pokud máte rošt, nebo ji opřít o pár polen poblíž zdroje tepla . Nemělo by syčet ani prskat jako těsto na palačinky, to znamená, že věci jsou příliš horké. Ochlaďte to a buďte trpěliví. Chleba začne pomalu kynout.
g) Váš Bannock začne vypadat jako bochník. V tuto chvíli ji budete chtít převrátit: malé zatřesení pánví a švihnutí zápěstím ji můžete otočit, ale špachtle je také férová hra. V tuto chvíli to jen dál otáčejte. Budete vědět, až to bude hotové.
h) Máte-li poklici, můžete zkusit vařit ve stylu trouby Bannock Dutch a dávat uhlí na poklici pánve. V opačném případě ji můžete otočit a upéct vršek (opatrně!), nebo když je dno hotové , opřete pánev o poleno tak, aby horní část směřovala k ohni.

12. Táborový chléb

SLOŽENÍ:
- 1 lb Směs chleba, jakákoliv odrůda
- Bake Packer (hliníková mřížka na dno hrnce)
- 1 galonový sáček do trouby
- Voda
- Hrnec

INSTRUKCE:
a) Vložte směs chleba do sáčku; přidejte vodu podle návodu a promíchejte hnětením sáčku.
b) Umístěte sáček do hrnce; zakryjte a nechte hodinu nebo dvě na slunci.
c) Po vykynutí chleba opatrně vyjměte sáček.
d) Umístěte pečicí baličku na dno hrnce a přidejte do hrnce tolik vody, aby pokryla mřížku. Vložte sáček s chlebem zpět do hrnce a nasaďte víko.
e) Hrnec dáme na přímý plamen a vaříme.
f) Po uplynutí času NEODSTRAŇUJTE VÍČKO. nastavte ještě asi 20 minut.
g) Odstraňte víko; vyjměte plastový sáček z hrnce; rozřízněte sáček a oloupejte z chleba.
h) Nakrájejte chléb na poklici hrnce.

13. Camp Cornbread

SLOŽENÍ:
- 1 šálek kukuřičné mouky
- 1 hrnek mouky
- 2 lžičky prášku do pečiva
- ¾ lžičky soli
- 1 šálek mléka
- ¼ šálku rostlinného oleje

INSTRUKCE:
a) Smíchejte suché přísady. Vmíchejte tekutiny. Lžící vložte do dobře vymazané, vyhřívané 10 nebo 12palcové litinové pánve.
b) Pevně zakryjte.
c) Pečte na mírném plameni 20 až 30 minut, nebo dokud není uprostřed zpevněný.
d) Při pečení na žhavém uhlí umístěte pánev na nízký gril, na stojan na tři kameny v uhlí nebo přímo na uhlí. Umístěte uhlí na víko, aby se teplo rovnoměrněji distribuovalo.
e) Pečené potraviny se s větší pravděpodobností připálí na spodní straně než nahoře. Abyste zabránili spálení, zkontrolujte teplotu uhlíků, než na ně položíte pánev.
f) Držte ruku asi šest palců nad uhlíky; měla by být horká, ale měli byste být schopni udržet ruku na místě po dobu osmi sekund.

14. Brambory se slaninou

SLOŽENÍ:
- 5 liber kulatých bílých brambor
- 1 libra tenké plátky slaniny
- hliníková fólie

INSTRUKCE:

a) Brambory umyjte ve vodě, propíchejte vidličkou. Zabalte do jedné vrstvy slaniny. Zabalte do fólie lesklou stranou dovnitř.

b) Položte se podél uhlíků táborového ohně a často otáčejte dlouhými kleštěmi.

c) Propečenost zkontrolujte propíchnutím vidličkou, když se vidlička snadno zasune do brambor, sundejte je z ohně.

d) Podávejte s polevou dle vlastního výběru a zbytky si nechte na ohřátí na snídani.

e) Zbytky lze nakrájet a smíchat s míchanými vejci a sýrem pro rychlou a chutnou snídani .

15. Camp Donuts

SLOŽENÍ:
- Stolní olej
- Jakýkoli druh sušenek v tubě z mléčné sekce
- Směs skořice a cukru

INSTRUKCE:

a) Na sporáku rozehřejte olej na dostatečně horkou, aby se sušenky smažily.
b) Udělejte do sušenek dírku palcem přímo uprostřed.
c) Když je olej hotový, vložte do něj koblihy. Až budete připraveni, otočte.
d) Vyjměte z oleje, když jsou opečené. Ihned obalte ve směsi skořice a cukru.

16. Opičí chléb na táborák

SLOŽENÍ:
- 4 plechovky sušenek
- 1 hrnek cukru
- 1 šálek hnědého cukru
- 4 polévkové lžíce. skořice
- 1 tyčinkový margarín

INSTRUKCE:
a) Sušenky nakrájíme na čtvrtky.
b) Smíchejte cukr a skořici v plastovém sáčku. Sušenky vložte do sáčku a dobře obalte. Vložte do holandské trouby.
c) Rozpusťte margarín a nalijte na sušenky; posypeme hnědým cukrem.
d) Pečte na středním uhlí 20 až 25 minut.

17. Holandský Pivní chléb

SLOŽENÍ:
- 3 hrnky samokypřící mouky
- 3 lžíce cukru
- 1 lžíce sušených cibulových vloček
- 12 uncí piva, žádná tmavá piva

INSTRUKCE:
a) Smíchejte všechny suché věci. Nalijte pivo; promíchejte a položte na pracovní plochu. Jen trochu prohněteme, aby vznikla koule.
b) Vyrovnejte a vložte do dobře vymaštěné holandské trouby .
c) Vložte Dutch Oven do uhlíků (⅓ uhlíků dole - ⅔ uhlíků nahoře) a pečte asi 15 až 25 minut, po prvních 10 minutách zkontrolujte.
d) Až bude hezky hnědá, vyjměte a podávejte.

18.Ohnivé horké sendviče

SLOŽENÍ:
- Balíčky malých rohlíků nebo 2 tucty rohlíků kaiserek
- 1½ libry nastrouhané deli šunky
- ½ bloku nastrouhaného sýra Velveeta
- 7 vajec natvrdo nakrájených na kostičky
- 3 lžíce majonézy

INSTRUKCE:
a) Všechny ingredience smícháme a naplníme rolády.
b) Každý sendvič zabalte jednotlivě do alobalu a zahřívejte na ohni asi 15 minut.

19. Camping kvasnicové palačinky

SLOŽENÍ:
- 3 hrnky bílé mouky (nebo smíchejte bílou a celozrnnou)
- 3 šálky teplého mléka
- 4 polévkové lžíce rostlinného oleje
- 3 celá vejce, vyšleháme do pěny
- 1 lžička soli
- 1 lžíce cukru
- 2 balíčky sušeného droždí (rychle kynutí)
- 2 polévkové lžíce bílého jogurtu

INSTRUKCE:
a) Do teplého mléka přidejte oba balíčky sušeného droždí.
b) Droždí zcela rozpusťte pomocí drátěné metly.
c) Přidejte tuto směs směsi k mouce ve velké míse. Poté přidejte vejce a promíchejte.
d) Přidejte olej, sůl, cukr a jogurt. Po složení tyto
e) ingredience, přikryjte mixovací nádobu vlhkou utěrkou a umístěte nádobu na teplé místo (pokud máte plynovou troubu s kontrolkou, je to ideální místo, jinak místo na slunci funguje dobře).
f) Nechte těsto kynout (kdekoli od 20 do 40 minut), dokud nebude mít velmi lehkou pěnovou strukturu.
g) Rozpalte pánev nebo velkou pánev, dokud na ni nebudete moci nalít kapky vody a neodskočí. Upravte oheň (nebo teplotu sporáku) tak, aby vyhovoval, ale dávejte pozor, aby byl oheň mírný. Nejlépe funguje nižší teplota.

CUKROVÍ

20. Banánová loď

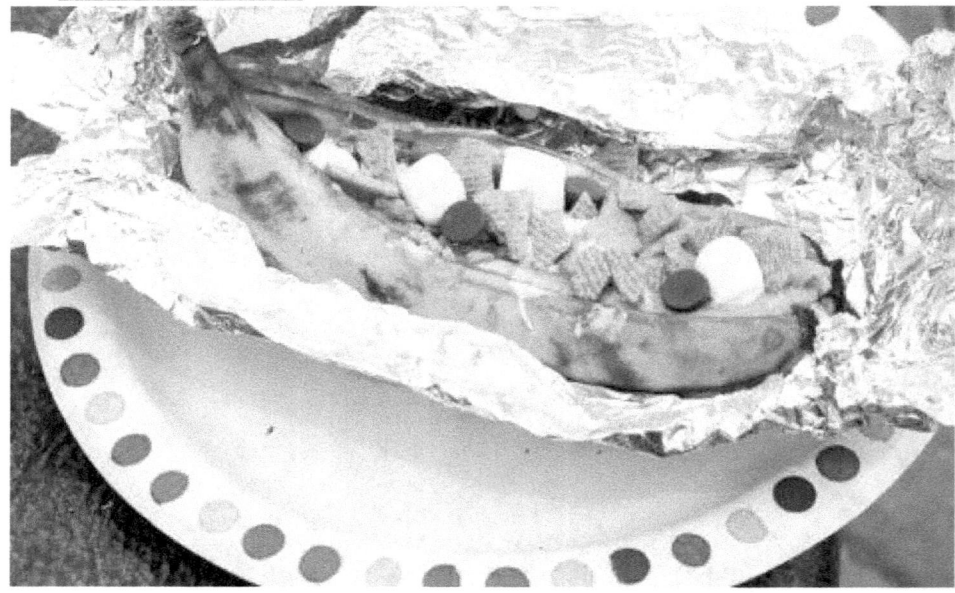

SLOŽENÍ:
- 1 zralý banán na osobu
- mini marshmallows
- čokoládové lupínky
- burákové máslo

INSTRUKCE:
a) Vytáhněte zadní část banánové slupky o šířce jednoho palce, ale neodlamujte ji od banánu (k získání nejlepšího tvaru může pomoci nůž)
b) Lžící vydlabejte banánovou dužinu. Naplňte marshmallows, čokoládovými lupínky a podle potřeby arašídovým máslem
c) Položte staženou slupku na banán. Banán zabalte/zabalte do alobalu a položte nad nebo blízko ohniště.
d) Zpívejte hloupé písničky nebo vyprávějte strašidelné příběhy (asi 10 minut). Sundejte z ohně, rozbalte a lžící nabíráte lahodné kopečky mazlavé sladkosti.

21. Backcountry dort

SLOŽENÍ:
- 1 šálek Bisquick
- ⅓ šálků horké kakaové směsi
- ⅓ hrnku cukru
- 1 šálek vody med

INSTRUKCE:
a) Důkladně promíchejte všechny pevné látky a poté pomalu vmíchejte vodu.
b) Těsto nalijeme na nepřilnavou nebo vymaštěnou pánev (my jsme použili trochu olivového oleje).
c) Vařte na ohni nebo vařiči, ale dávejte velký pozor na kontrolu teploty.
d) Aby se dno nepřipálilo, můžete změnit výšku pánve nebo položit pánev na hrnec s vroucí vodou.
e) Pokud máte na pánvi ½ palce tlusté těsto, mělo by trvat asi 15 minut, než se důkladně uvaří.
f) Pokud chcete, opakujte pro vytvoření více vrstev a naskládejte je dohromady s medem.

22.Camping Orange Surprise

SLOŽENÍ:
- celé pomeranče
- směs na perníkový koláč
- přísady pro přípravu směsi
- jablka
- rozinky
- mrkve
- vanilkový jogurt
- celer
- drobné marshmallows
- Majonéza

INSTRUKCE:
a) Pomeranče rozkrojte napůl a vydlabejte vnitřky (slupky si odložte).
b) Dužinu dejte do velké mísy. Jablka nakrájejte na plátky, mrkev na kostičky a celer nakrájejte na malé kousky. Přidejte rozinky a marshmallows.
c) Majonézu a jogurt smícháme na dresink, který použijeme na salát.
d) Do samostatné mísy přidejte směs na koláč a ostatní ingredience.
e) Naplňte vydlabanou pomerančovou skořápku ze ¾ plné koláčové směsi.
f) Položte směs pomerančových skořápek a koláče na rovnoměrné uhlí z vyhořelého ohně nebo dřevěného uhlí. Můžete volně přikrýt listem fólie.
g) Pečte, dokud nebude hotový (test párátkem). Nyní máte zdravý salát a koláč s pomerančovou příchutí jako dezert.

23. Táborový ševec

SLOŽENÍ:
- 2 velké plechovky směsi broskví, jablek nebo třešní
- 1 vejce
- šplouchnutí mléka

INSTRUKCE:
a) V holandské troubě nalijte do hrnce dvě velké konzervy ovoce.
b) Smíchejte krabičku směsi na drobenku s vajíčkem a trochou mléka.
c) Na ovoce nalijte těsto a nakrájejte tyčinku másla a plátky položte na směs.
d) Položte na hrnec víko a vařte s několika lopatkami žhavého uhlí na víku asi 30-40 minut, dokud nebude koláč nadýchaný a drobková poleva hotová.
e) Odstraňte uhlí a užívejte si. Nejlepší je , když to necháte vychladnout. Opaření ovoce spálí vašemu příteli ústa!

24.Sladké dobroty

SLOŽENÍ:
- chlazené sušenky
- rozpuštěné máslo
- skořice
- cukr, med nebo džem

INSTRUKCE:

a) Vezměte si svůj oblíbený druh ledničních sušenek a mírně je zploštěte.

b) Omotejte je kolem tyče a opečte dozlatova a uvnitř hotové.

c) Zalijte rozpuštěným máslem nebo margarínem (může fungovat máslový sprej) a poté válejte nebo protřepejte ve směsi skořice a cukru.

d) Dobré je i máslo s hnědým cukrem nebo moučkovým cukrem, případně můžete použít med či marmeládu/želé.

25.Sušenky z arašídového másla

SLOŽENÍ:
- 1 šálek arašídového másla
- 1 hrnek hladké mouky
- 1 šálek hnědého cukru
- ¼ hrnku majonézy
- ¼ šálku medu

INSTRUKCE:

a) Smíchejte ingredience dohromady, dokud nedosáhnou hladké konzistence.

b) Připravte oheň pomocí pomalu vařícího dubového dřeva s trochou suchého podpalu, dokud neshoří na červeno-lávově vyhlížející uhlíky. Uhlíky rovnoměrně rozprostřete tak, aby se jáma naplnila ze strany na stranu podle velikosti hrnce, který budete používat.

c) Litinová nebo těžká ocelová pánev funguje skvěle a mějte na paměti, čím tenčí pánev, tím vyšší je teplota pro pečení. (Chcete si pojistit malou domácí pečicí techniku na pečení, ne prskání nebo připalování).

d) Umístěte stojan na uhlí tak, aby byl mezi uhlíky a stojanem asi pět palců rozdíl.

e) Pomoučte si ruce a lžící naberte v dlani asi 1 polévkovou lžíci těsta a vyválejte ho do tvaru půldolarové mince, asi půl palce tlustého. Poté vložte do pánve a vidličkou přitlačte na vršek, dokud se část těsta nevytlačí přes hroty.

f) Naplňte pánev pěkně s malými mezerami mezi sušenkami.

g) Přikryjte pánev hliníkovou fólií, ale nepřilepujte fólii k pánvi. (To umožní, aby proces vaření držel teplo, ale nenastavil parní lázeň).

h) Pánev velmi lehce osolte, protože arašídové máslo má svůj vlastní olej.

i) Umístěte pánev na vyhřívanou mřížku nad ohněm a nechte alespoň 15 minut, aby se sušenky upekly s rozeklanými vršky, které zvýrazní světle nebo tmavě zlatohnědý odstín, podle vaší chuti.

26. Jemnější jablka

SLOŽENÍ:
- jablka
- čokoládová tyčinka rozdělená na čtverce
- velké marshmallows

INSTRUKCE:

a) Jablka nechte celá, vydlabejte z nich meloun, ale dno nechte pevné.

b) Vhoďte dva čtverečky Hershey's do díry a utěsněte ji velkým marshmallow.

c) Zabalte do alobalu a vařte v uhlí jako pečené brambory.

27.Camping Dump Cake

SLOŽENÍ:
- Máslo
- 16 uncí plechovky náplně ovocného koláče
- 1 krabička dortová směs
- ½ šálku vody

INSTRUKCE:
a) Vnitřek a spodní část víka holandské trouby vymažte máslem.
b) Nalijte koláčovou náplň do holandské trouby.
c) Přidejte koláčovou směs. Rovnoměrně rozetřete.
d) Potřeme máslem. Nalijte vodu nahoru.
e) Umístěte víko na holandskou troubu. Vložte holandskou pec do uhlí.
f) Nasypte trochu uhlí na víko.
g) Pečte palec asi 30-45 minut.
h) Otestujte propečenost dortu.
i) V případě potřeby umístěte zpět na uhlí a kontrolujte každých 10-15 minut.

28. Cherry Fudge dobroty

SLOŽENÍ:
- 1 krabička směs fudge brownie
- 1 ½ šálku strouhaného kokosu
- 1 ½ šálku nasekaných, kandovaných třešní
- 2 tb oleje s příchutí třešní
- 1 šálek nasekaných vlašských ořechů, rozdělených
- Moučkový cukr (na polevu)
- Tuk, na mazání

INSTRUKCE:

a) Postupujte podle pokynů pro mix sušenek na krabici. Přidejte kokos, ¾ hrnku vlašských ořechů, aromatický olej a třešně.

b) Dobře promíchejte! Těsto nalijte do vymazané holandské trouby nebo zakryté pekáče. Přidejte uhlíky (5 nahoře, 7 dole).

c) Upéct. Je hotovo, když nůž vyjde čistý.

d) Navrch posypeme zbylými ořechy a posypeme moučkovým cukrem.

e) Necháme vychladnout. Nakrájíme na čtverečky.

29. Kávová plechovka zmrzlina

SLOŽENÍ:
- 1 litr půl na půl
- ½ šálku cukru
- 1 vejce
- 1 lžička vanilky nebo 2 lžíce čokoládového sirupu nebo ¼ šálku jahod

INSTRUKCE:

a) Přidejte výše uvedené přísady do 1 libry kávové plechovky. Nasaďte víko na kávovou plechovku a zajistěte ji lepicí páskou.

b) Vložte 1 librovou kávovou plechovku do 3 librové kávové plechovky.

c) Vrstva s drceným ledem a kamennou solí a umístěte víko na 3 libry kávové plechovky.

d) Nyní začíná zábava! Najít si partnera. Posaďte se na zem a převalujte plechovku s kávou tam a zpět, 3 až 4 stopy od sebe.

e) Rolujte 8 až 10 minut. Zkontrolujte, zda je zmrzlina tvrdá. Pokud tomu tak není , nasaďte víko a přidejte více ledu a kamenné soli. Rolujte dalších 8 minut. Podávejte do misek dobré velikosti.

30. Trail Brownies

SLOŽENÍ:
- ½ šálků grahamových sušenek, rozdrcených
- 1 lžíce sušeného mléka
- 2 lžíce vlašských ořechů, nasekaných
- 2 unce čokoládových lupínků

INSTRUKCE:
a) Doma: Zabalte grahamové sušenky a ořechy do jednoho sáčku. V samostatném sáčku smíchejte mléko a hranolky.
b) V táboře: Přidejte 2 lžíce vroucí vody do směsi mléka a hranolků a míchejte, dokud se nerozpustí.
c) Rychle vmíchejte směs sušenek a ořechů a nechte vychladnout.

31. Ohniště skořicová jablka

SLOŽENÍ:
- jablka
- Skořicové bonbóny/Red Hots
- Hliníková fólie

INSTRUKCE:
a) Ostrým nožem nebo vykrajovátkem jablek zbavte každé jablko jádřince a dávejte pozor, abyste neprojeli úplně.
b) Každé jablko naplňte skořicovými bonbony a zabalte do alobalu.
c) Položte na žhavé uhlíky a zahřívejte, dokud se bonbony nerozpustí a jablka nezměknou.
d) Často zapínejte uhlí, abyste zajistili rovnoměrné zahřátí. Pokud máte rádi více bonbonů uprostřed, zbavte větší části jablka jádřince a vychutnejte si vykrojenou část, zatímco čekáte, až se uvaří.
e) Jsou velmi horké a měly by být otevřeny nahoře a po vyjmutí z uhlí by měly být ponechány asi 10 minut odležet, než se je pokusíte sníst.

32. Campfire Cinnamon Coffeecake

SLOŽENÍ:
- 1 PL másla nebo margarínu
- 1 šálek Balené směsi sušenek (Bisquick atd.)
- ⅓ šálků Odpařené mléko, neředěné
- 1 tb hotového skořicového cukru

INSTRUKCE:
a) Make Coffeecake: Nakrájejte máslo na malé kousky přes sušenkovou směs ve střední misce. Lehce promíchejte vidličkou, dokud nebude máslo potažené.
b) Uprostřed udělejte studnu.
c) Zalijte mlékem a skořicovým cukrem a míchejte vidličkou, dokud směs nezvlhne.
d) Těsto převeďte na lehce vymazanou a moukou vysypanou 8palcovou lesklou, těžkou pánev.
e) Pomoučenýma rukama rovnoměrně vklepejte do pánve.
f) Vařte přikryté na velmi mírném ohni 12 až 15 minut, nebo dokud není dortový tester nebo dřevěné trsátko vložené do středu čisté.

PRO DOPLŇOVÁNÍ:
g) Kávový koláč potřete 2 lžícemi másla nebo margarínu.
h) Poté vše posypte 1 lžičkou připraveného skořicového cukru.
i) Nakrájíme na čtvrtky a podáváme teplé.

33. Fondue s táborákem

SLOŽENÍ:
- 2 šálky strouhaného čedaru NEBO švýcarského sýra
- 2 tb univerzální mouky
- ¼ lžičky papriky
- 1 plechovka Krémová celerová polévka
- ½ šálku piva nebo bílého vína nebo vody

INSTRUKCE:
a) Spojte polévku a pivo. Zahřívejte v konvici na mírném ohni.
b) Smíchejte sýr, mouku a papriku.
c) Přidejte do konvice a míchejte, dokud se sýr úplně nerozpustí.
d) Podávejte s kostkami francouzského chleba.

NÁPOJE

34.Táborák horké kakao

SLOŽENÍ:
- 8 litrů sušeného mléka
- 16 uncí Nestle Quick
- 1 šálek moučkového cukru

INSTRUKCE:
a) Smíchejte všechny ingredience, skladujte v uzavřené nádobě.
b) Pro přípravu horkého kakaa: přidejte 5 lžiček směsi do 8 uncí horké vody.

35. Camping Cowboy Coffee

SLOŽENÍ:
- 1 lžíce hrubě mleté kávy
- 8 uncí šálek

ZVLÁŠTNÍ VYBAVENÍ:
- malý, čistý tyčinkový nebo oblázkový kelímek vhodný na horký nápoj čistý šátek

INSTRUKCE:
a) Do hrnce dejte vodu a přiveďte ji k varu. S poklicí to bude vařit rychleji.
b) Jakmile se voda vaří, přidejte lžíci hrubě mleté kávy na šálek. Pokud dáváte přednost slabé kávě, přidejte méně, pokud ji máte rádi silnou, více.
c) Nechte vodu vařit dvě nebo tři minuty a poté odstavte konvici z ohně. Všimněte si, že část kávové sedliny plave na hladině, zatímco jiná klesla na dno konvice.
d) Vezměte tyčinku nebo oblázek a vhoďte je do konvice na kávu.
e) Tím se přeruší povrchové napětí a plovoucí půda se potopí.
f) Jakmile se sedlina usadí na dně, nalijte kávu do šálku. Pokud se opravdu bojíte dostat kávové sedliny do zubů, použijte k přelití kávu šátek.
g) Opatrné nalévání však může minimalizovat množství usazeniny, která skončí ve vašem šálku, stejně jako opatrné popíjení.

36.Belgický Hot Toddy

SLOŽENÍ:
- 1 šálek horké vody
- 2 unce belgické whisky nebo genever
- 1 lžíce medu
- 1 plátek citronu
- hřebíček (volitelné)

INSTRUKCE:
a) V hrnku smíchejte horkou vodu, belgickou whisky nebo genever a med.
b) Do směsi přidejte plátek citronu.
c) Je-li to žádoucí, položte plátek citronu hřebíčkem.
d) Dobře promíchejte a před podáváním nechte pár minut louhovat.

37.Chai Hot Toddy

SLOŽENÍ:

- 3 šálky vody
- 1 tyčinka skořice
- 6 celých hřebíčků
- 6 lusků kardamomu, mírně rozdrcených
- 2 čajové sáčky chai
- ¼ šálku kořeněného rumu nebo bourbonu
- 2 lžíce medu
- 1 polévková lžíce čerstvě vymačkané citronové šťávy nebo 2 kolečka citronu

INSTRUKCE:

a) Ve středním hrnci smíchejte vodu, tyčinky skořice, hřebíček a mírně rozdrcené lusky kardamomu. Pokud máte čajový louhovač, můžete do něj koření umístit, aby se později necedil. Směs přiveďte k varu.
b) Sundejte hrnec z ohně a přidejte sáčky čaje chai. Přikryjeme a necháme 15 minut louhovat. Poté směs přeceďte přes jemné síto, abyste odstranili čajové sáčky a koření.
c) Kořeněný čaj vraťte do pánve a zahřejte, dokud se nezahřeje.
d) Vmíchejte kořeněný rum (nebo bourbon), med a citrónovou šťávu, pokud chcete. Dobře promíchejte.
e) Rozdělte horké toddy mezi dva nahřáté hrnky a ihned podávejte. Případně podávejte každý hrnek s plátkem citronu na vymačkání šťávy podle chuti. Užívat si!

38. Peach Hot Toddy

SLOŽENÍ:
- 40 oz (1 láhev) broskvový džus
- 1/4 šálku hnědého cukru (baleno)
- 2 tyčinky skořice
- 2 PL másla/margarínu
- 1/2 šálku broskvové pálenky (volitelně)
- Další tyčinky skořice jako ozdoba.

INSTRUKCE:
a) Smíchejte šťávu, hnědý cukr, tyčinky skořice a máslo/margarín v holandské troubě nebo zakrytém kastrolu a zahřejte k varu.
b) Odstraňte z ohně a vyhoďte tyčinky skořice, přidejte pálenku, (pokud chcete) ozdobte plátkem broskve a tyčinkou skořice a podávejte.

39. Bezový horký elixír Toddy

SLOŽENÍ:

- 2 šálky irské whisky
- ½ šálku sušených bezinek
- 2-palcový knoflík čerstvého zázvoru, nakrájený na tenké plátky
- 1- až 3palcová tyčinka skořice, zlomená
- 6 až 8 celých hřebíčků
- ½ šálku medu

INSTRUKCE:

a) Smíchejte whisky, bezinky, zázvor, skořici a hřebíček ve střední pánvi.
b) Vařte 1 hodinu na mírném ohni za občasného míchání. Nevařte.
c) Po 1 hodině stáhněte z plotny. Přikryjeme a necháme 1 hodinu uležet.
d) Zatímco je směs whisky ještě teplá, přelijte přes jemné sítko do zavařovací sklenice. Bylinky a koření vyhoďte.
e) Vyčistěte pánev a vraťte whisky do pánve.
f) Přidejte med do teplé whisky a jemně míchejte, dokud se dobře nespojí.
g) Po úplném vychladnutí přelijte do zavařovací sklenice nebo pěkné lahve od likéru a uložte do spíže při pokojové teplotě.

40. Heather Honey Hot Toddy

SLOŽENÍ:
- 2 oz skotské whisky
- 1 lžíce vřesového medu
- Horká voda
- Klínek citronu
- hřebíček (volitelné)

INSTRUKCE:
a) V hrnku odměřte 2 unce své oblíbené skotské whisky.
b) Do hrnku přidejte lžíci vřesového medu.
c) Do hrnku vymačkejte plátek citronu. Volitelně můžete do měsíčku citronu zapíchnout několik hřebíčků pro větší chuť.
d) Nalijte do hrnku horkou vodu a naplňte ji na požadovanou sílu.
e) Směs dobře promíchejte, aby se med zcela rozpustil.
f) Nechte nápoj minutu nebo dvě louhovat, aby se chutě propojily.
g) Ochutnejte a v případě potřeby upravte sladkost nebo kyselost přidáním více medu nebo citronu.
h) Vyjměte kolečko citronu a hřebíček.

41.Svařené rozmarýnové víno a černý čaj

SLOŽENÍ:
- 1 Klaret z lahví; NEBO... jiné plné červené víno
- 1 litr Černý čaj pref. Assam nebo Darjeeling
- ¼ šálku Jemný med
- ⅓ šálku Cukr; nebo ochutnat
- 2 Pomeranče nakrájené na tenké plátky a se semínky
- 2 Tyčinky skořice (3 palce)
- 6 Celý hřebíček
- 3 Snítky rozmarýnu

INSTRUKCE:
a) Vůně tohoto nápoje je lákavá a punč lze udržovat teplý na velmi mírném ohni několik hodin, díky čemuž dům nádherně voní. Pokud vám zbyly zbytky, vyjměte pomeranče a rozmarýn, nechte punč vychladnout na pokojovou teplotu a poté dejte do lednice. Jemně ohřátý s čerstvými pomeranči a rozmarýnem bude punč o něco silnější, ale pořád docela chutný.

b) Nalijte víno a čaj do nerezové pánve. Přidejte med, cukr, pomeranče, koření a rozmarýn. Zahřívejte na mírném ohni, dokud se téměř nezapaří. Míchejte, dokud se med nerozpustí.

c) Sundejte pánev z ohně, přikryjte a nechte alespoň 30 minut odstát. Až budete připraveni k podávání, zahřejte, dokud se nezačne vařit, a podávejte horké.

42. Svařené pivo s kořením a brandy

INGREDIENCE
- 18 uncí vánočního piva
- 2½ polévkové lžíce tmavě hnědého cukru
- 4-6 hřebíčků podle chuti
- 2 hvězdičkový anýz
- 1 tyčinka skořice
- ½ lžičky mletého muškátového oříšku
- 6 kusů pomerančové kůry
- 3 unce brandy

INSTRUKCE
a) V hrnci nebo malém hrnci smíchejte pivo (jedna a půl lahve, celkem 18 uncí) s hnědým cukrem a muškátovým oříškem, přidejte hřebíček, badyán, tyčinku skořice a pomerančovou kůru.
b) Přiveďte k mírnému varu (nenechejte vařit), míchejte, aby se cukr rozpustil, a nechte 2-3 minuty povařit, aby se dobře prosákl kořením.
c) Odstraňte z ohně a přidejte brandy.
d) Podávejte v hrncích, ozdobené plátkem pomeranče a vychutnejte si zodpovědně.

43. Horká čokoláda s kardamomem a růží

SLOŽENÍ:
- 2 šálky mléka (mléčné nebo alternativní mléko)
- 2 lžíce kakaového prášku
- 2 lžíce cukru (podle chuti)
- ½ lžičky mletého kardamomu
- ¼ lžičky růžové vody
- Špetka mleté skořice
- Šlehačka a sušené okvětní lístky růží na ozdobu
- Marshmallows, na polevu

INSTRUKCE:
a) V hrnci zahřejte mléko na středním plameni, dokud nebude horké, ale ne vroucí.
b) V malé misce prošlehejte kakaový prášek, cukr, kardamom, růžovou vodu a skořici.
c) Do horkého mléka postupně zašlehejte kakaovou směs, dokud se dobře nespojí a nebude hladká.
d) Pokračujte v zahřívání směsi, dokud nedosáhne požadované teploty, za občasného míchání.
e) Okořeněnou horkou čokoládu nalijte do hrnků a ozdobte šlehačkou, marshmallows a sušenými okvětními lístky růží. Podávejte a užívejte si!

44. Kořeněná horká čokoláda inspirovaná Mexikem

SLOŽENÍ:
- 2 šálky mléka (mléčné nebo alternativní mléko)
- 2 unce tmavé čokolády, jemně nasekané
- 2 lžíce kakaového prášku
- 2 lžíce cukru (podle chuti)
- ½ lžičky mleté skořice
- ¼ lžičky mletého muškátového oříšku
- Špetka kajenského pepře (volitelně)
- Šlehačka a kakaový prášek na ozdobu

INSTRUKCE:
a) V hrnci zahřejte mléko na středním plameni, dokud nebude horké, ale ne vroucí.

b) Do mléka přidejte nasekanou hořkou čokoládu, kakaový prášek, cukr, skořici, muškátový oříšek a kajenský pepř (pokud používáte).

c) Průběžně šlehejte, dokud se čokoláda nerozpustí a směs nebude hladká a dobře spojená.

d) Pokračujte v zahřívání kořeněné horké čokolády za občasného míchání, dokud nedosáhne požadované teploty.

e) Nalijeme do hrnků, potřeme šlehačkou a poprášíme kakaem. Podávejte a užívejte si!

45. Perník kořeněná horká čokoláda

SLOŽENÍ:
- 2 šálky mléka (mléčné nebo alternativní mléko)
- 2 lžíce kakaového prášku
- 2 lžíce hnědého cukru
- ½ lžičky mletého zázvoru
- ½ lžičky mleté skořice
- ¼ lžičky mletého muškátového oříšku
- Špetka mletého hřebíčku
- Šlehačka a drobky z perníkových sušenek na ozdobu

INSTRUKCE:
a) V hrnci zahřejte mléko na středním plameni, dokud nebude horké, ale ne vroucí.
b) V malé misce prošlehejte kakaový prášek, hnědý cukr, zázvor, skořici, muškátový oříšek a hřebíček.
c) Do horkého mléka postupně zašlehejte kakaovou směs, dokud se dobře nespojí a nebude hladká.
d) Pokračujte v zahřívání kořeněné horké čokolády za občasného míchání, dokud nedosáhne požadované teploty.
e) Nalijte do hrnků, potřete šlehačkou a navrch posypte drobky z perníkových sušenek. Podávejte a užívejte si!

46. Chai kořeněná horká čokoláda

SLOŽENÍ:
- 2 šálky mléka (mléčné nebo alternativní mléko)
- 2 lžíce kakaového prášku
- 2 lžíce cukru (podle chuti)
- 1 čajová lžička čajových lístků (nebo 1 čajový sáček chai)
- ½ lžičky mleté skořice
- ¼ lžičky mletého kardamomu
- Špetka mletého zázvoru
- Šlehačka a posypka skořice na ozdobu

INSTRUKCE:
a) V hrnci zahřejte mléko na středním plameni, dokud nebude horké, ale ne vroucí.
b) Přidejte čajové lístky (nebo čajový sáček) do mléka a nechte 5 minut louhovat. Odstraňte čajové lístky nebo čajový sáček.
c) V malé misce prošlehejte kakaový prášek, cukr, skořici, kardamom a zázvor.
d) Do horkého mléka postupně zašlehejte kakaovou směs, dokud se dobře nespojí a nebude hladká.
e) Pokračujte v zahřívání kořeněné horké čokolády za občasného míchání, dokud nedosáhne požadované teploty.
f) Nalijeme do hrnků, potřeme šlehačkou a posypeme skořicí. Podávejte a užívejte si!

47.Peta horká čokoláda

SLOŽENÍ:

- ½ šálku neslazeného kakaového prášku
- ½ šálku cukru
- 1 čárka sůl
- ½ šálku vody
- 6 šálků vanilkového sójového mléka
- tofu šlehačka
- tyčinky skořice

INSTRUKCE:

a) Ve dvoulitrovém hrnci smíchejte kakao, cukr a sůl, dokud se dobře nespojí.
b) Přidejte vodu a míchejte, dokud nebude hladká. Směs vařte na mírném ohni do varu za stálého míchání lžící nebo drátěnou metlou.
c) Snižte teplotu a vařte 2 ještě minut za stálého míchání.
d) Vmíchejte sojové mléko a za stálého míchání zahřívejte, dokud se kolem okraje nevytvoří drobné bublinky. Odstraňte pánev z ohně. Šlehejte drátěnou metlou nebo elektrickým šlehačem do hladka a pěny, poté nalijte do 8 uncových hrnků.
e) Navrch dejte našlehané tofu a ozdobte tyčinkami skořice.

48. Horká čokoláda Red Velvet

SLOŽENÍ:
- 14 uncí slazeného kondenzovaného mléka
- 1 šálek husté smetany
- 6 šálků plnotučného mléka
- 1 šálek polosladkých čokoládových lupínků
- 1 lžíce vanilkového extraktu
- 1 lžíce smetanového sýra
- 4 kapky červeného potravinářského gelu

INSTRUKCE:
a) Přidejte slazené kondenzované mléko, čokoládové lupínky, smetanu, mléko a vanilkový extrakt do pomalého hrnce a vařte na mírném ohni 3 hodiny a každou hodinu míchejte. Čokoláda a mléko v pomalém hrnci

b) Jakmile se čokoláda rozpustí, vmíchejte smetanový sýr a červené potravinářské barvivo.

c) Podle potřeby pokračujte ve vaření nebo snižte teplotu, aby se zahřála a podávejte. Čokoláda v pomalém hrnci

d) Pokud je směs podle vašich preferencí příliš hustá, můžete ji zředit dalším mlékem nebo vodou. Červená sametová horká čokoláda v průhledném hrnku.

49.Sýrová horká čokoláda

SLOŽENÍ:
- 2 šálky mléka
- ½ šálku husté smetany
- 1 šálek strouhaného amerického sýra
- 2 lžíce kakaového prášku
- 2 lžíce cukru
- 1 lžička vanilkového extraktu

INSTRUKCE:
a) V hrnci zahřejte na středním plameni mléko a hustou smetanu.
b) Přidejte nastrouhaný americký sýr a míchejte, dokud se nerozpustí a nespojí.
c) Přidejte kakaový prášek, cukr a vanilkový extrakt a míchejte, dokud se dobře nespojí.
d) Podávejte horké.

50.Horká čokoláda s kozím sýrem a medem

SLOŽENÍ:
- 2 šálky mléka (mléčné nebo alternativní mléko)
- 2 lžíce kakaového prášku
- 2 lžíce medu (podle chuti)
- ¼ šálku kozího sýra, rozdrobeného
- Špetka soli
- Šlehačka a kapka medu na ozdobu

INSTRUKCE:
a) V hrnci zahřejte mléko na středním plameni, dokud nebude horké, ale ne vroucí.
b) V malé misce smíchejte kakaový prášek, med a sůl.
c) Do horkého mléka postupně zašlehejte kakaovou směs, dokud se dobře nespojí a nebude hladká.
d) Do horké čokolády přidejte rozdrobený kozí sýr a šlehejte, dokud se nerozpustí a nezapracuje do směsi.
e) Pokračujte v zahřívání sýrové horké čokolády za občasného míchání, dokud nedosáhne požadované teploty.
f) Nalijeme do hrnků, potřeme šlehačkou a pokapeme medem. Podávejte a užívejte si!

51.Modrý sýr Horká čokoláda

SLOŽENÍ:
- 2 šálky mléka (mléčné nebo alternativní mléko)
- 2 lžíce kakaového prášku
- 2 lžíce cukru (podle chuti)
- ¼ šálku modrého sýra, rozdrobeného
- Špetka soli
- Šlehačka a posypka rozdrobené nivy na ozdobu

INSTRUKCE:
a) V hrnci zahřejte mléko na středním plameni, dokud nebude horké, ale ne vroucí.
b) V malé misce smíchejte kakaový prášek, cukr a sůl.
c) Do horkého mléka postupně zašlehejte kakaovou směs, dokud se dobře nespojí a nebude hladká.
d) Do horké čokolády přidejte nadrobenou nivu a šlehejte, dokud se nerozpustí a nezapracuje do směsi.
e) Pokračujte v zahřívání sýrové horké čokolády za občasného míchání, dokud nedosáhne požadované teploty.
f) Nalijeme do hrnků, potřeme šlehačkou a posypeme rozdrobenou nivou. Podávejte a užívejte si!

52. Horká čokoláda s parmazánem a mořskou solí

SLOŽENÍ:
- 2 šálky mléka (mléčné nebo alternativní mléko)
- 2 lžíce kakaového prášku
- 2 lžíce cukru (podle chuti)
- ¼ šálku strouhaného parmazánu
- Špetka mořské soli
- Na ozdobu šlehačka a strouhaný parmazán

INSTRUKCE:
a) V hrnci zahřejte mléko na středním plameni, dokud nebude horké, ale ne vroucí.
b) V malé misce smíchejte kakaový prášek, cukr a mořskou sůl.
c) Do horkého mléka postupně zašlehejte kakaovou směs, dokud se dobře nespojí a nebude hladká.
d) Do horké čokolády přidejte nastrouhaný parmazán a šlehejte, dokud se nerozpustí a nezapracuje do směsi.
e) Pokračujte v zahřívání sýrové horké čokolády za občasného míchání, dokud nedosáhne požadované teploty.
f) Nalijeme do hrnků, potřeme šlehačkou a posypeme strouhaným parmazánem. Podávejte a užívejte si!

53.Pepper Jack a horká čokoláda Cayenne

SLOŽENÍ:
- 2 šálky mléka (mléčné nebo alternativní mléko)
- 2 lžíce kakaového prášku
- 2 lžíce cukru (podle chuti)
- ¼ šálku strouhaného pepřového sýra jack
- ¼ lžičky kajenského pepře (upravte podle chuti koření)
- Šlehačka a posypka kajenského pepře na ozdobu

INSTRUKCE:
a) V hrnci zahřejte mléko na středním plameni, dokud nebude horké, ale ne vroucí.

b) V malé misce smíchejte kakaový prášek, cukr a kajenský pepř.

c) Do horkého mléka postupně zašlehejte kakaovou směs, dokud se dobře nespojí a nebude hladká.

d) Do horké čokolády přidejte nastrouhanou papriku a šlehejte, dokud se nerozpustí a nezapracuje do směsi.

e) Pokračujte v zahřívání sýrové horké čokolády za občasného míchání, dokud nedosáhne požadované teploty.

f) Nalijte do hrnků, potřete šlehačkou a posypte kajenským pepřem. Podávejte a užívejte si!

54.Toblerone horká čokoláda

SLOŽENÍ:
- 3 trojúhelníkové tyče z Toblerone
- ⅓ šálku sladké smetany
- 1 Habaneros, jemně mleté

INSTRUKCE

a) Na mírném ohni rozehřejte smetanu a rozpusťte čokoládu.
b) Často míchejte, abyste se vyhnuli „horkým místům".
c) Množství smetany po vychladnutí obměňujte podle požadované hustoty.
d) Jakmile jsou smetana a čokoláda dobře promíchané, vmíchejte habaneros.
e) Necháme vychladnout a podáváme s jablky nebo hruškami.

55. Cheesy Hot Toddy

SLOŽENÍ:
- 1 šálek horké vody
- ½ unce citronové šťávy
- 1 lžíce medu
- 1 tyčinka skořice
- 1 unce strouhaného amerického sýra

INSTRUKCE:
a) V hrnku smíchejte horkou vodu, citronovou šťávu, med a tyčinku skořice. Míchejte, aby se spojily.
b) Přidejte nastrouhaný americký sýr a míchejte, dokud se nerozpustí a nespojí.
c) Vyjměte tyčinku skořice a podávejte.

56. Kokosová horká čokoláda

SLOŽENÍ:
- 2 hrnky kokosového mléka
- 2 lžíce neslazeného kakaového prášku
- 2 lžíce krystalového cukru
- ½ lžičky vanilkového extraktu
- šlehačka (volitelně)
- Strouhaný kokos na ozdobu (volitelně)

INSTRUKCE:
a) V hrnci prošlehejte kokosové mléko, kakaový prášek, cukr a vanilkový extrakt.
b) Umístěte kastrol na střední teplotu a míchejte, dokud není směs horká a v páře (ale ne vroucí).
c) Odstraňte z ohně a nalijte horkou čokoládu do hrnků.
d) Navrch potřeme šlehačkou a podle potřeby ozdobíme strouhaným kokosem.

57.Horká čokoláda Ferrero Rocher

SLOŽENÍ:
- 2 šálky mléka
- ¼ šálku husté smetany
- nadrobno nasekané čokolády Ferrero Rocher
- Šlehačka (volitelně, na polevu)
- Kakaový prášek (volitelné, na posypání)

INSTRUKCE:
a) V malém hrnci zahřejte mléko a hustou smetanu na středním plameni, dokud nebudou horké, ale ne vroucí.
b) Přidejte nasekané čokolády Ferrero Rocher do hrnce a šlehejte, dokud se nerozpustí a dobře se spojí.
c) Nalijte horkou čokoládu do hrnků.
d) V případě potřeby potřeme šlehačkou a poprášíme kakaem.
e) Podávejte horké a vychutnejte si bohatou a shovívavou horkou čokoládu Ferrero Rocher .

58.Honeycomb Candy Horká čokoláda

SLOŽENÍ:
- 2 hrnky mléka (mléčné nebo rostlinné)
- 2 lžíce kakaového prášku
- 2 lžíce cukru
- ¼ šálku medového bonbónu, drceného
- Šlehačka a čokoládové hobliny na polevu (volitelně)

INSTRUKCE:
a) V hrnci zahřejte mléko na středním plameni, dokud nebude horké, ale ne vroucí.
b) Vmíchejte kakaový prášek a cukr, dokud se dobře nespojí a nebude hladký.
c) Do směsi horké čokolády přidáme rozdrcené medové cukroví.
d) Pokračujte v zahřívání a míchejte, dokud se medovníkové cukroví nerozpustí.
e) Nalijte horkou čokoládu do hrnků.
f) Navrch dejte šlehačku a případně hobliny čokolády.
g) Vychutnejte si tuto bohatou a dekadentní voštinovou horkou čokoládu v chladném dni.

59.Javorová horká čokoláda

SLOŽENÍ:
- ¼ šálku cukru
- 1 lžíce kakaa na pečení
- ⅛ lžičky soli
- ¼ šálku horké vody
- 1 polévková lžíce másla
- 4 šálky mléka
- 1 lžička javorového aroma
- 1 lžička vanilkového extraktu
- 12 marshmallows, rozdělených

INSTRUKCE:
a) Smíchejte cukr, kakao a sůl ve velkém hrnci. Vmíchejte horkou vodu a máslo; přiveďte k varu na středním plameni.
b) Přidejte mléko, javorové aroma, vanilku a 8 marshmallows.
c) Prohřívejte za občasného míchání, dokud se marshmallow nerozpustí.
d) Naběračka do 4 hrnků; nahoře se zbývajícími marshmallows.

60. Růžová horká čokoláda

SLOŽENÍ:
- 2 šálky mléka (mléčné nebo alternativní mléko)
- 2 lžíce kakaového prášku
- 2 lžíce cukru (podle chuti)
- 1 lžička růžové vody
- Šlehačka a sušené okvětní lístky růží na ozdobu

INSTRUKCE:
a) V hrnci zahřejte mléko na středním plameni, dokud nebude horké, ale ne vroucí.
b) V malé misce prošlehejte kakaový prášek a cukr.
c) Vmíchejte růžovou vodu, dokud se dobře nespojí.
d) Do horkého mléka postupně zašlehejte kakaovou směs, dokud nebude hladká a dobře promíchaná.
e) Pokračujte v zahřívání růžové horké čokolády za občasného míchání, dokud nedosáhne požadované teploty.
f) Nalijte do hrnků, naplňte šlehačkou a ozdobte sušenými plátky růží. Podávejte a užívejte si!

61. Pomerančový květ horká čokoláda

SLOŽENÍ:
- 2 šálky mléka (mléčné nebo alternativní mléko)
- 2 lžíce kakaového prášku
- 2 lžíce cukru (podle chuti)
- 1 lžička vody z pomerančových květů
- Šlehačka a pomerančová kůra na ozdobu

INSTRUKCE:
a) V hrnci zahřejte mléko na středním plameni, dokud nebude horké, ale ne vroucí.
b) V malé misce prošlehejte kakaový prášek a cukr.
c) Vmíchejte vodu z pomerančových květů, dokud se dobře nespojí.
d) Do horkého mléka postupně zašlehejte kakaovou směs, dokud nebude hladká a dobře promíchaná.
e) Pokračujte v zahřívání horké čokolády z pomerančových květů za občasného míchání, dokud nedosáhne požadované teploty.
f) Nalijte do hrnků, naplňte šlehačkou a ozdobte pomerančovou kůrou. Podávejte a užívejte si!

62.Bezová horká čokoláda

SLOŽENÍ:
- 2 šálky mléka (mléčné nebo alternativní mléko)
- 2 lžíce kakaového prášku
- 2 lžíce cukru (podle chuti)
- 1 lžíce sirupu z bezového květu
- Šlehačka a jedlé květy na ozdobu

INSTRUKCE:

a) V hrnci zahřejte mléko na středním plameni, dokud nebude horké, ale ne vroucí.

b) V malé misce prošlehejte kakaový prášek a cukr.

c) Vmíchejte sirup z bezového květu, dokud se dobře nespojí.

d) Do horkého mléka postupně zašlehejte kakaovou směs, dokud nebude hladká a dobře promíchaná.

e) Pokračujte v zahřívání bezové horké čokolády za občasného míchání, dokud nedosáhne požadované teploty.

f) Nalijeme do hrnků, potřeme šlehačkou a ozdobíme jedlými květy. Podávejte a užívejte si!

63.Ibišek horká čokoláda

SLOŽENÍ:
- 2 šálky mléka (mléčné nebo alternativní mléko)
- 2 lžíce kakaového prášku
- 2 lžíce cukru (podle chuti)
- 1 lžíce sušených květů ibišku
- Šlehačka a posypání okvětními lístky ibišku na ozdobu

INSTRUKCE:
a) V hrnci zahřejte mléko na středním plameni, dokud nebude horké, ale ne vroucí.
b) V malé misce prošlehejte kakaový prášek a cukr.
c) Do horkého mléka přidejte sušené květy ibišku a nechte 5 minut louhovat. Odstraňte květy ibišku.
d) Do horkého mléka postupně zašlehejte kakaovou směs, dokud se dobře nespojí a nebude hladká.
e) Pokračujte v zahřívání ibiškové horké čokolády za občasného míchání, dokud nedosáhne požadované teploty.
f) Nalijte do hrnků, potřete šlehačkou a posypte plátky ibišku. Podávejte a užívejte si!

64. Levandulová horká čokoláda

SLOŽENÍ:
- 2 šálky mléka (mléčné nebo alternativní mléko)
- 2 lžíce kakaového prášku
- 2 lžíce cukru (podle chuti)
- 1 lžička sušených květů levandule
- ½ lžičky vanilkového extraktu
- Šlehačka a okvětní lístky levandule na ozdobu

INSTRUKCE:
a) V hrnci zahřejte mléko na středním plameni, dokud nebude horké, ale ne vroucí.
b) V malé misce prošlehejte kakaový prášek a cukr.
c) Do horkého mléka přidejte sušené květy levandule a nechte 5 minut louhovat. Odstraňte květy levandule.
d) Do horkého mléka postupně zašlehejte kakaovou směs, dokud se dobře nespojí a nebude hladká.
e) Vmícháme vanilkový extrakt.
f) Pokračujte v zahřívání horké čokolády s levandulí za občasného míchání, dokud nedosáhne požadované teploty.
g) Nalijte do hrnků, naplňte šlehačkou a ozdobte lístky levandule. Podávejte a užívejte si!

65. Hořká čokoláda Matcha

SLOŽENÍ:
- 1 odměrka Fairtrade Hořká horká čokoláda
- 1 mini odměrka prášku Matcha
- Dušené mléko

INSTRUKCE:
a) Matcha spojte s troškou horké vody a rozmixujte na hladkou pastu
b) Dolijte napařeným mlékem a během nalévání míchejte

66. Mátová horká čokoláda

SLOŽENÍ:
- 2 šálky mléka (mléčné nebo alternativní mléko)
- 2 lžíce kakaového prášku
- 2 lžíce cukru (podle chuti)
- ¼ šálku čerstvých lístků máty
- ½ lžičky vanilkového extraktu
- Šlehačka a lístky čerstvé máty na ozdobu

INSTRUKCE:
a) V hrnci zahřejte mléko na středním plameni, dokud nebude horké, ale ne vroucí.
b) V malé misce prošlehejte kakaový prášek a cukr.
c) Do horkého mléka přidejte lístky čerstvé máty a nechte 5 minut louhovat. Odstraňte lístky máty.
d) Do horkého mléka postupně zašlehejte kakaovou směs, dokud se dobře nespojí a nebude hladká.
e) Vmícháme vanilkový extrakt.
f) Pokračujte v zahřívání mátou naplněné horké čokolády za občasného míchání, dokud nedosáhne požadované teploty.
g) Nalijte do hrnků, naplňte šlehačkou a ozdobte lístky čerstvé máty. Podávejte a užívejte si!

67. Rozmarýnová horká čokoláda

SLOŽENÍ:
- 2 šálky mléka (mléčné nebo alternativní mléko)
- 2 lžíce kakaového prášku
- 2 lžíce cukru (podle chuti)
- 2 snítky čerstvého rozmarýnu
- ½ lžičky vanilkového extraktu
- Šlehačka a snítka rozmarýnu na ozdobu

INSTRUKCE:
a) V hrnci zahřejte mléko na středním plameni, dokud nebude horké, ale ne vroucí.
b) V malé misce prošlehejte kakaový prášek a cukr.
c) Do horkého mléka přidejte snítky čerstvého rozmarýnu a nechte 5 minut louhovat. Vyjměte snítky rozmarýnu.
d) Do horkého mléka postupně zašlehejte kakaovou směs, dokud se dobře nespojí a nebude hladká.
e) Vmícháme vanilkový extrakt.
f) Pokračujte v zahřívání horké čokolády s rozmarýnem za občasného míchání, dokud nedosáhne požadované teploty.
g) Nalijte do hrnků, potřete šlehačkou a ozdobte snítkou rozmarýnu. Podávejte a užívejte si!

68. Bazalková horká čokoláda

SLOŽENÍ:
- 2 šálky mléka (mléčné nebo alternativní mléko)
- 2 lžíce kakaového prášku
- 2 lžíce cukru (podle chuti)
- ¼ šálku lístků čerstvé bazalky
- ½ lžičky vanilkového extraktu
- Šlehačka a lístky čerstvé bazalky na ozdobu

INSTRUKCE:
a) V hrnci zahřejte mléko na středním plameni, dokud nebude horké, ale ne vroucí.
b) V malé misce prošlehejte kakaový prášek a cukr.
c) Do horkého mléka přidejte lístky čerstvé bazalky a nechte 5 minut louhovat. Odstraňte lístky bazalky.
d) Do horkého mléka postupně zašlehejte kakaovou směs, dokud se dobře nespojí a nebude hladká.
e) Vmícháme vanilkový extrakt.
f) Pokračujte v zahřívání horké čokolády s bazalkou za občasného míchání, dokud nedosáhne požadované teploty.
g) Nalijte do hrnků, potřete šlehačkou a ozdobte lístky čerstvé bazalky. Podávejte a užívejte si!

69. Šalvějová horká čokoláda

SLOŽENÍ:
- 2 šálky mléka (mléčné nebo alternativní mléko)
- 2 lžíce kakaového prášku
- 2 lžíce cukru (podle chuti)
- 2 snítky čerstvé šalvěje
- ½ lžičky vanilkového extraktu
- Šlehačka a lístek šalvěje na ozdobu

INSTRUKCE:
a) V hrnci zahřejte mléko na středním plameni, dokud nebude horké, ale ne vroucí.
b) V malé misce prošlehejte kakaový prášek a cukr.
c) Do horkého mléka přidejte snítky čerstvé šalvěje a nechte 5 minut louhovat. Odstraňte snítky šalvěje.
d) Do horkého mléka postupně zašlehejte kakaovou směs, dokud se dobře nespojí a nebude hladká.
e) Vmícháme vanilkový extrakt.
f) Pokračujte v zahřívání horké čokolády naplněné šalvějí za občasného míchání, dokud nedosáhne požadované teploty.
g) Nalijte do hrnků, naplňte šlehačkou a ozdobte lístkem šalvěje. Podávejte a užívejte si!

70.Oreo bílá horká čokoláda

SLOŽENÍ:
- 4 ½ šálků plnotučného mléka
- ⅔ šálku slazeného kondenzovaného kokosového mléka
- ⅔ šálku bílých čokoládových lupínků
- ½ lžičky vanilkového extraktu
- 1 lžička sušenky a smetanového sirupu
- 8 sušenek Oreo
- šlehačka na ozdobu

INSTRUKCE:
a) Do velkého hrnce na středním plameni přidejte mléko, slazené kondenzované mléko, vanilku a sušenky a smetanový sirup.
b) Odstraňte náplň z vašich Oreo sušenek a přidejte krémovou náplň k přísadám v hrnci. Cookies odložte na později. Do pánve přidejte kousky bílé čokolády.
c) Šlehejte přísady v hrnci, dokud se kousky bílé čokolády úplně nerozpustí.
d) Nalijte kouřící bílou horkou čokoládu do hrnků a navrch dejte štědrou porci šlehačky.
e) Dokončete rozdrobenými sušenkami Oreo.

71. Horká čokoláda Biscoff

SLOŽENÍ:
- 2 šálky plnotučného mléka
- ¼ šálku pomazánky Biscoff
- 2 lžíce neslazeného kakaového prášku
- 2 lžíce krystalového cukru
- Šlehačka (volitelně, na polevu)
- Biscoff sušenková drobenka (volitelně, na ozdobu)

INSTRUKCE:
a) V malém hrnci zahřejte plnotučné mléko na středním plameni, dokud nebude horké, ale ne vroucí.
b) Šlehejte pomazánku Biscoff , kakaový prášek a krystalový cukr, dokud se dobře nespojí a nebude hladká.
c) Pokračujte v zahřívání směsi za občasného šlehání, dokud nebude horká a zapařená.
d) Hrnec sejmeme z plotny a nalijeme horkou čokoládu Biscoff do hrnků.
e) Navrch dejte šlehačku a podle potřeby posypte drobenkou ze sušenek Biscoff .
f) podávejte horkou čokoládu Biscoff a užívejte si!

72. Horká čokoláda Snickerdoodle

SLOŽENÍ:
- 2 šálky mléka
- 2 lžíce bílé čokoládové lupínky
- 1 lžíce cukru
- ½ lžičky vanilkového extraktu
- ½ lžičky mleté skořice
- Tyčinky skořice (volitelně, na ozdobu)

INSTRUKCE:
a) V hrnci zahřejte mléko na středním plameni, dokud nebude horké, ale ne vroucí.
b) Do horkého mléka přidejte kousky bílé čokolády, cukr, vanilkový extrakt a mletou skořici.
c) Nepřetržitě šlehejte, dokud se kousky bílé čokolády nerozpustí a směs nebude hladká.
d) Pokračujte v zahřívání směsi po dobu několika minut, dokud nedosáhne požadované teploty .
e) Nalijte do hrnků a v případě potřeby ozdobte tyčinkou skořice.

73.Mátový čokoládový čip Horká čokoláda

SLOŽENÍ:

- 2 šálky mléka
- 2 lžíce kakaového prášku
- 2 lžíce cukru
- ¼ lžičky extraktu z máty peprné
- Zelené potravinářské barvivo (volitelné)
- šlehačka (volitelně)
- Mátové sušenky z drcené čokolády (volitelně, na ozdobu)

INSTRUKCE:

a) V hrnci zahřejte mléko na středním plameni, dokud nebude horké, ale ne vroucí.

b) Přidejte kakaový prášek, cukr, mátový extrakt a několik kapek zeleného potravinářského barviva (pokud používáte) do horkého mléka.

c) Šlehejte, dokud se kakaový prášek a cukr úplně nerozpustí a směs se dobře spojí.

d) Pokračujte v zahřívání směsi po dobu několika minut, dokud nedosáhne požadované teploty.

e) Nalijte do hrnků a doplňte šlehačkou a podle potřeby rozdrcenou čokoládovou mátou.

74. Perník Hot Chocolate

SLOŽENÍ:
- 2 šálky mléka
- 2 lžíce kakaového prášku
- 2 lžíce cukru
- ½ lžičky mletého zázvoru
- ¼ lžičky mleté skořice
- ⅛ lžičky mletého muškátového oříšku
- šlehačka (volitelně)
- Drobky z perníkových sušenek (volitelně, na ozdobu)

INSTRUKCE:

a) V hrnci zahřejte mléko na středním plameni, dokud nebude horké, ale ne vroucí.

b) Do horkého mléka přidejte kakaový prášek, cukr, mletý zázvor, mletou skořici a mletý muškátový oříšek.

c) Šlehejte, dokud se všechny ingredience dobře nespojí a směs nebude hladká.

d) Pokračujte v zahřívání směsi po dobu několika minut, dokud nedosáhne požadované teploty .

e) Nalijte do hrnků a naplňte šlehačkou a posypte drobky z perníkových sušenek, pokud chcete.

75.Svařené víno

INGREDIENCE S:
- 1 láhev červeného vína
- 2 pomeranče
- 3 tyčinky skořice
- 5 badyán
- 10 celých hřebíčků
- 3/4 šálku hnědého cukru

INSTRUKCE:
a) ingredience kromě pomerančů dejte do středně velkého hrnce.
b) Ostrým nožem nebo škrabkou oloupejte polovinu jednoho pomeranče. Vyvarujte se loupání co největšího množství dřeně (bílá část), protože má hořkou chuť.
c) Odšťavněte pomeranče a přidejte do hrnce spolu s pomerančovou kůrou.
d) Na středním plameni zahřívejte směs, dokud se nebude vařit. Snižte plamen na mírný plamen. Zahřívejte 30 minut, aby koření vyluhovalo.
e) Víno přecedíme a podáváme do žáruvzdorných pohárů.

76.Pudsey bear sušenky Horká čokoláda

SLOŽENÍ:
- Pudsey bear sušenky (pár kusů)
- mléko (2 šálky)
- Směs horké čokolády nebo kakaový prášek (2-3 polévkové lžíce)
- Cukr (dle chuti, volitelné)

INSTRUKCE:
a) Začněte rozdrcením sušenek medvěda Pudsey na malé kousky. K tomuto kroku můžete použít váleček nebo kuchyňský robot.
b) V hrnci zahřejte mléko na středně mírném ohni. Občas promíchejte, aby se nepřipálily.
c) Jakmile je mléko horké, ale ne vroucí, přidejte do hrnce rozdrcené sušenky medvěda Pudsey . Jemně promíchejte, aby se spojily.
d) Sušenky nechte asi 5-10 minut vyluhovat v mléce. To pomůže, aby se chutě spojily.
e) Po uplynutí doby louhování stáhněte rendlík z ohně a sceďte mléko, abyste odstranili větší kousky sušenek. K tomuto kroku můžete použít jemné sítko nebo utěrku.
f) Vraťte mléko na mírný oheň a přidejte směs horké čokolády nebo kakaový prášek. Dobře promíchejte, dokud nebude směs hladká a dobře spojená.
g) Pokud chcete, můžete přidat cukr podle chuti. Mějte na paměti, že sušenky již mohou přidat nějakou sladkost, takže se tomu přizpůsobte.
h) je horká čokoláda prohřátá a všechny ingredience dobře zapracované, stáhněte ji z ohně.
i) Horkou čokoládu nalijte do hrnků a ihned podávejte. Můžete ozdobit šlehačkou, posypem kakaového prášku nebo další drobenkou ze sušenek pro extra dotek medvídkové chuti Pudsey .

77.Brownie horká čokoláda

SLOŽENÍ:
- 2 šálky plnotučného mléka
- ½ šálku husté smetany
- 3 unce hořkosladké čokolády, nasekané
- 2 lžíce neslazeného kakaového prášku
- 2 lžíce krystalového cukru
- ¼ lžičky vanilkového extraktu
- Špetka soli
- šlehačka (na ozdobu)
- kousky brownie (na ozdobu)

INSTRUKCE:
a) Ve středním hrnci zahřejte mléko a hustou smetanu na středním plameni, dokud se nezačne vařit. Nenechte to vařit.
b) Do hrnce přidejte nasekanou hořkou čokoládu, kakaový prášek, krystalový cukr, vanilkový extrakt a špetku soli. Průběžně šlehejte, dokud se čokoláda nerozpustí a směs nebude hladká a dobře spojená.
c) Pokračujte v zahřívání směsi na mírném ohni asi 5 minut za občasného míchání, dokud mírně nezhoustne.
d) Hrnec sejmeme z ohně a horkou čokoládu nalijeme do hrnků.
e) Naplňte každý hrnek kopečkem šlehačky a na šlehačku posypte kousky brownie.
f) Okamžitě podávejte a vychutnejte si lahodnou horkou čokoládu Brownie!

78.Horká čokoláda Açaí

SLOŽENÍ:
- 1 ½ šálku Açaí pyré
- 1 šálek plnotučného kokosového mléka
- 2 ½ lžičky kakaového prášku
- 1 lžička vanilkového extraktu
- Špetka soli

INSTRUKCE:

a) Přidejte všechny ingredience do malého hrnce. Šlehejte, aby se spojil a přiveďte k varu na středně vysokém ohni.

b) Snižte teplotu na středně nízkou a pokračujte ve vaření, dokud se neprohřeje.

c) Rozdělte rovnoměrně mezi dva hrnky a ozdobte oblíbeným horkým kakaovým polevou!

79. Černý les horká čokoláda

SLOŽENÍ:
HORKÁ ČOKOLÁDA:
- 1 šálek plnotučného mléka
- 2 lžíce krystalového cukru
- 1 ½ lžíce neslazeného kakaového prášku
- 1 lžíce třešňové šťávy Amarena
- ½ lžičky čistého vanilkového extraktu
- 1/16 lžičky mořské soli
- 1 ½ unce 72% tmavé čokolády nasekané

POVLAHY:
- 4 lžíce husté smetany ke šlehání ušlehané do měkkých špiček
- 2 třešně Amarena
- 2 lžičky tmavé čokoládové kadeře

INSTRUKCE:
a) Přidejte mléko, cukr, kakaový prášek, třešňovou šťávu, vanilku a sůl do malého hrnce na středním ohni a šlehejte, aby se vše spojilo.
b) Po uvaření vmícháme nasekanou čokoládu.
c) Přiveďte k varu a za stálého šlehání vařte do mírného zhoustnutí, asi 1 minutu.
d) Nalijte do 2 hrnků a každý posypte polovinou šlehačky, 1 třešničkou a 1 lžičkou čokoládových kudrlinek.
e) Ihned podávejte.

80.Pikantní aztécká horká čokoláda s tequilou

SLOŽENÍ:
- 1 šálek mléka
- ¼ šálku husté smetany
- 2 unce tmavé čokolády, nasekané
- ¼ lžičky mleté skořice
- ⅛ lžičky chilli (upravte podle chuti)
- 1 unce tequily

INSTRUKCE:

a) V hrnci zahřejte mléko a hustou smetanu na středním plameni, dokud nebudou horké, ale ne vroucí.

b) Hrnec sejmeme z ohně a přidáme nasekanou hořkou čokoládu. Míchejte, dokud se nerozpustí a nebude hladké.

c) Vmíchejte mletou skořici, chilli prášek a tequilu.

d) Nalijte do hrnků a podle potřeby ozdobte posypem chilli nebo šlehačkou.

81.Jahodová horká čokoláda

SLOŽENÍ:
- 2 šálky mléka
- ¼ šálku jahodového sirupu
- 2 lžíce neslazeného kakaového prášku
- 2 lžíce krystalového cukru
- šlehačka (volitelně)
- Čerstvé jahody na ozdobu (volitelné)

INSTRUKCE:
a) V hrnci prošlehejte mléko, jahodový sirup, kakaový prášek a cukr.
b) Umístěte kastrol na střední teplotu a míchejte, dokud není směs horká a v páře (ale ne vroucí).
c) Odstraňte z ohně a nalijte horkou čokoládu do hrnků.
d) Navrch dejte šlehačku a podle potřeby ozdobte čerstvými jahodami.

82.Pomerančová horká čokoláda

SLOŽENÍ:
- 2 šálky mléka
- ¼ šálku pomerančové šťávy
- 2 lžíce neslazeného kakaového prášku
- 2 lžíce krystalového cukru
- ½ lžičky pomerančové kůry
- šlehačka (volitelně)
- Plátky pomeranče na ozdobu (volitelné)

INSTRUKCE:

a) V hrnci prošlehejte mléko, pomerančovou šťávu, kakaový prášek, cukr a pomerančovou kůru.

b) Umístěte kastrol na střední teplotu a míchejte, dokud není směs horká a v páře (ale ne vroucí).

c) Odstraňte z ohně a nalijte horkou čokoládu do hrnků.

d) Navrch dejte šlehačku a podle potřeby ozdobte plátky pomeranče.

83. Malinová horká čokoláda

SLOŽENÍ:

- 2 šálky mléka
- ¼ šálku malinového sirupu
- 2 lžíce neslazeného kakaového prášku
- 2 lžíce krystalového cukru
- šlehačka (volitelně)
- čerstvé maliny na ozdobu (volitelně)

INSTRUKCE:

a) V hrnci prošlehejte mléko, malinový sirup, kakaový prášek a cukr.
b) Umístěte kastrol na střední teplotu a míchejte, dokud není směs horká a v páře (ale ne vroucí).
c) Odstraňte z ohně a nalijte horkou čokoládu do hrnků.
d) Navrch dejte šlehačku a podle chuti ozdobte čerstvými malinami.

84.Banánová horká čokoláda

SLOŽENÍ:
- 2 šálky mléka
- 1 zralý banán, rozmačkaný
- 2 lžíce neslazeného kakaového prášku
- 2 lžíce krystalového cukru
- šlehačka (volitelně)
- Plátky banánu na ozdobu (volitelně)

INSTRUKCE:

a) V hrnci prošlehejte mléko, rozmačkaný banán, kakaový prášek a cukr.
b) Umístěte kastrol na střední teplotu a míchejte, dokud není směs horká a v páře (ale ne vroucí).
c) Odstraňte z ohně a nalijte horkou čokoládu do hrnků.
d) Navrch dejte šlehačku a podle potřeby ozdobte plátky banánu.

85. Nutella horká čokoláda

SLOŽENÍ:
- ¾ šálku lískového likéru
- 13-uncová sklenice Nutella
- 1 čtvrtina půl na půl

INSTRUKCE:
a) Do hrnce dejte půl na půl na mírný oheň a přidejte Nutellu.
b) Vařte asi 10 minut a těsně před podáváním přidejte oříškový likér.

86. Horká čokoláda inspirovaná PB&J

SLOŽENÍ:
- 2 šálky mléka
- ¼ šálku krémového arašídového másla
- ¼ šálku malinového želé nebo džemu
- ¼ šálku polosladkých čokoládových lupínků
- 1 lžička vanilkového extraktu
- šlehačka (volitelně)
- Čokoládové hobliny (volitelné)

INSTRUKCE:
a) Ve středně velkém hrnci zahřejte mléko na středním plameni.
b) Přidejte arašídové máslo, malinové želé nebo džem, čokoládové lupínky a vanilkový extrakt.
c) Směs neustále šlehejte, dokud se čokoládové lupínky nerozpustí a vše se dobře spojí.
d) Odstraňte pánev z ohně a nalijte směs do hrnků.
e) Navrch přidejte šlehačku a čokoládové hobliny, pokud chcete.
f) Ihned podávejte a vychutnejte si lahodnou horkou čokoládu PB&J!

87. Arašídové máslo s banánem horká čokoláda

SLOŽENÍ:
- 2 šálky mléka
- 2 lžíce kakaového prášku
- 2 lžíce čokoládové a arašídové pomazánky (domácí nebo z obchodu)
- 1 zralý banán, rozmačkaný
- šlehačka (volitelně)
- Nakrájený banán (volitelné)

INSTRUKCE:
a) V hrnci zahřejte mléko na středním plameni, dokud nebude horké, ale ne vroucí.
b) Vmíchejte kakaový prášek, dokud se nerozpustí.
c) Přidejte čokoládu a arašídovou pomazánku do hrnce a míchejte, dokud se nerozpustí a dobře se spojí.
d) Vmíchejte rozmačkaný banán, dokud se nezapracuje.
e) Horkou čokoládu nalijte do hrnků a navrch přidejte šlehačku a podle chuti nakrájený banán. Podávejte horké.

88.Serendipity's Frozen Hot Chocolate

SLOŽENÍ:
- 1 ½ lžičky slazeného kakaa Van Houton
- 1 ½ lžičky kakaa Droste
- 1 ½ lžičky cukru
- 1 lžíce sladkého másla
- ½ šálku mléka
- 3 unce tmavé a světlé čokolády s příchutí Godiva (nebo podle chuti)
- ½ unce každé z různých vysoce kvalitních čokolád
- 1 štědrá naběračka směsi dovážených čokolád
- ½ litru mléka
- ½ litru drceného ledu
- šlehačka (na polevu)
- strouhaná čokoláda (na ozdobu)
- 2 brčka
- Ledová lžička

INSTRUKCE:

a) V dvojitém kotli rozpusťte slazené kakao Van Houton , kakao Droste , cukr a sladké máslo a míchejte, dokud se nevytvoří hladká pasta.

b) Do dvojitého kotle přidejte tmavou a světlou čokoládu s příchutí Godiva a různé vysoce kvalitní čokolády. Pokračujte v tavení čokolády a za stálého míchání postupně přidávejte mléko, dokud není směs hladká.

c) Směs se nechá vychladnout na pokojovou teplotu. Po vychladnutí přendejte do třílitrového mixéru.

d) Přidejte do mixéru štědrou naběračku směsi dovezených čokolád, ½ pinty mléka a drceného ledu.

e) Všechny ingredience míchejte, dokud směs nedosáhne požadované konzistence. Pokud je příliš hustá, můžete přidat více mléka nebo ledu, abyste ji upravili.

f) Nalijte mraženou horkou čokoládu do grapefruitové misky nebo servírovací sklenice.

g) Navrch dáme kopeček šlehačky a šlehačku posypeme strouhanou čokoládou.

h) Do mražené horké čokolády vložte dvě brčka na popíjení a podávejte s ledovou lžičkou k požití.

89.Horká čokoláda Amaretto

SLOŽENÍ:
- 1 ½ unce likéru Amaretto
- 6 uncí horké čokolády
- šlehačka (volitelně)
- čokoládové hobliny (volitelné)

INSTRUKCE:
a) Přidejte likér Amaretto do hrnku.
b) Amaretto polijte horkou čokoládou.
c) Míchejte, aby se spojily.
d) Navrch přidejte šlehačku a čokoládové hobliny, pokud chcete.

90. Horká čokoláda napuštěná vínem

SLOŽENÍ:
- ½ šálku plnotučného mléka
- ½ šálku půl na půl
- ¼ šálku hořké čokolády
- ½ šálku Shiraz
- Pár kapek vanilkového extraktu
- 1 lžíce cukru
- Malá špetka soli

INSTRUKCE:
a) Smíchejte mléko, půl a půl, kousky hořké čokolády, vanilkový extrakt a sůl v pánvi na mírném ohni.
b) Neustále míchejte, aby se čokoláda na dně nepřipálila, dokud se úplně nerozpustí.
c) Jakmile je pěkně rozpálená, stáhněte ji z plotny a nalijte do ní víno.
d) Dobře promíchejte.
e) Ochutnejte horkou čokoládu a sladkost upravte cukrem.
f) Nalijte do hrnku s horkou čokoládou a ihned podávejte.

91. Horká čokoláda s mátou peprnou

SLOŽENÍ:
- 1 šálek mléka
- ¼ šálku husté smetany
- 4 unce polosladké čokolády, nasekané
- ¼ lžičky extraktu z máty peprné
- 2 unce mátové pálenky

INSTRUKCE:

a) V hrnci zahřejte mléko a hustou smetanu na středním plameni, dokud nebudou horké, ale ne vroucí.

b) Hrnec sejmeme z ohně a přidáme nasekanou čokoládu. Míchejte, dokud se nerozpustí a nebude hladké.

c) Vmícháme mátový extrakt a mátovou pálenku.

d) Nalijte do hrnků a podle potřeby ozdobte šlehačkou a drcenými mátovými bonbóny.

92. RumChata kořeněná horká čokoláda

SLOŽENÍ:
- 1 šálek mléka
- ¼ šálku husté smetany
- 2 unce polosladké čokolády, nasekané
- ½ lžičky mleté skořice
- 1 unce RumChata

INSTRUKCE:

a) V hrnci zahřejte mléko a hustou smetanu na středním plameni, dokud nebudou horké, ale ne vroucí.

b) Hrnec sejmeme z ohně a přidáme nasekanou čokoládu. Míchejte, dokud se nerozpustí a nebude hladké.

c) Vmícháme mletou skořici a RumChata .

d) Nalijte do hrnků a podle potřeby ozdobte skořicí nebo šlehačkou.

93. Kořeněná pomerančová horká čokoláda

SLOŽENÍ:
- 1 šálek mléka
- ¼ šálku husté smetany
- 2 unce tmavé čokolády, nasekané
- Kůra z 1 pomeranče
- ¼ lžičky mleté skořice
- 1 unce Grand Marnier

INSTRUKCE:

a) V hrnci zahřejte mléko a hustou smetanu na středním plameni, dokud nebudou horké, ale ne vroucí.

b) Hrnec sejmeme z ohně a přidáme nasekanou hořkou čokoládu. Míchejte, dokud se nerozpustí a nebude hladké.

c) Vmíchejte pomerančovou kůru, mletou skořici a Grand Marnier.

d) Nalijte do hrnků a podle potřeby ozdobte pomerančovou kůrou nebo šlehačkou.

94.Kavárna Au Lait

SLOŽENÍ:
- 3 lžíce instantní kávy
- 1 šálek mléka
- 1 šálek světlé smetany
- 2 šálky vařící vody

INSTRUKCE:
a) Začněte jemným zahříváním mléka a smetany na mírném ohni, dokud nedosáhne horké teploty.
b) Když se mléko a smetana zahřejí, rozpusťte instantní kávu ve vroucí vodě.
c) Těsně před podáváním vyšlehejte ohřátou mléčnou směs rotačním šlehačem do pěny.
d) Dále si vezměte předehřátý džbán a nalijte do něj napěněnou mléčnou směs. Současně nalijte uvařenou kávu do samostatného džbánu.
e) Až budete připraveni podávat, naplňte šálky současným naléváním z obou džbánů a nechte proudy, aby se při nalévání spojily.

95.Klasické Americano

SLOŽENÍ:
- 1 panák espressa
- Horká voda

INSTRUKCE:
a) Připravte si panák espressa uvařením.
b) Upravte sílu espressa podle svých představ přidáním horké vody.
c) Podávejte tak, jak je, nebo podle potřeby zvýrazněte chuť smetanou a cukrem.

96.Macchiato

SLOŽENÍ:
- 2 panáky espressa (2 unce)
- 2 unce (¼ šálku) pěny z plnotučného mléka

INSTRUKCE:
a) K přípravě jednoho espressa použijte buď kávovar na espresso, nebo ruční kávovar.
b) Přeneste espresso do hrnku. Případně zvažte použití Aeropressu k vaření espressa.
c) Pokud používáte kávovar na espresso, zahřejte ½ šálku mléka, dokud se neopaří. Nakonec budete potřebovat pouze ¼ šálku mléčné pěny.
d) Zahřejte mléko na teplotu 150 stupňů Fahrenheita; na dotek by měl být horký, ale neměl by se vařit. Můžete to změřit potravinářským teploměrem nebo testováním prstem.
e) K napěnění mléka do malých, stejnoměrných bublinek použijte kávovar na espresso , napěňovač mléka, french press nebo šlehací metlu.
f) U macchiata se snažte vytvořit velké množství „suché pěny", což je vzdušná odrůda pěny. Pro dosažení tohoto druhu pěny funguje zvláště dobře napěňovač mléka .
g) Lžící opatrně sejměte vrchní vrstvu pěny (suchou pěnu) a jemně ji položte na espresso. Na jednu porci byste měli použít přibližně ¼ šálku pěny.

97.Moka

SLOŽENÍ:
- 18 g mletého espressa nebo 1 kapsle na espresso
- 250 ml mléka
- 1 lžička čokolády na pití

INSTRUKCE:
a) Uvařte asi 35 ml espressa pomocí kávovaru a nalijte ho na dno šálku. Přidejte čokoládu na pití a důkladně promíchejte, dokud nebude hladká.
b) Pomocí parního nástavce napěňte mléko, dokud nebude mít na povrchu asi 4-6 cm pěny. Držte nádobu na mléko s výlevkou asi 3-4 cm nad šálkem a nalévejte mléko stálým proudem.
c) Když hladina tekutiny v šálku stoupá, přibližte konvičku na mléko co nejblíže k povrchu nápoje a zároveň ji nasměrujte do středu.
d) Když se konvička na mléko téměř dotýká povrchu kávy, nakloňte ji, aby nalévala rychleji. Mléko přitom narazí na zadní stranu šálku a přirozeně se složí do sebe, čímž vytvoří dekorativní vzor na vrchní straně vaší moka.

98.Latte

SLOŽENÍ:
- 18 g mletého espressa nebo 1 kapsle na espresso
- 250 ml mléka

INSTRUKCE:
a) Začněte uvařením přibližně 35 ml espressa pomocí kávovaru a nalijte ho na dno šálku.
b) Napařujte mléko pomocí napařovacího nástavce, dokud nebude mít na povrchu přibližně 2-3 cm pěny.
c) Držte konvičku na mléko s výlevkou umístěnou asi 3-4 cm nad šálkem a rovnoměrně nalévejte mléko.
d) Když se konvička na mléko téměř dotýká povrchu kávy, nakloňte ji, abyste zvýšili rychlost nalévání. Když to uděláte, mléko narazí na zadní stranu šálku a přirozeně se začne skládat do sebe, čímž vytvoří na horní straně dekorativní vzor.

99. Baileys Irish Cream Horká čokoláda

SLOŽENÍ:
- 1 šálek mléka
- ¼ šálku husté smetany
- 2 unce polosladké čokolády, nasekané
- 1 unce Baileys Irish Cream

INSTRUKCE:

a) V hrnci zahřejte mléko a hustou smetanu na středním plameni, dokud nebudou horké, ale ne vroucí.

b) Hrnec sejmeme z ohně a přidáme nasekanou čokoládu. Míchejte, dokud se nerozpustí a nebude hladké.

c) Vmíchejte Baileys Irish Cream.

d) Nalijte do hrnků a doplňte šlehačkou nebo marshmallow, pokud chcete.

100.Mexická kořeněná káva

SLOŽENÍ:
- 6 hřebíček
- 6 lžic uvařené kávy
- 6 Julienne pomerančová kůra
- 3 tyčinky skořice
- ¾ šálku hnědého cukru, pevně zabalený
- šlehačka (volitelně)

INSTRUKCE:
a) Ve velkém hrnci zahřejte 6 šálků vody spolu s hnědým cukrem, tyčinkami skořice a hřebíčkem na středně vysokém ohni, dokud se směs nezahřeje, ale dejte pozor, aby nepřišla k varu.
b) Přidejte kávu a za občasného míchání po dobu 3 minut přiveďte směs k varu.
c) Kávu přefiltrujte přes jemné sítko a podávejte v šálcích, ozdobené pomerančovou kůrou.
d) V případě potřeby přidejte šlehačku.

ZÁVĚR

Doufáme, že na konci naší výpravy u krbu „NEJLEPŠÍ OHŘÍVAČE KRBU 2024" jste zažili radost z vytváření příjemných a nezapomenutelných okamžiků u táboráku. Každý recept na těchto stránkách je oslavou vřelosti, chutí a pospolitosti, které definují setkání u krbu – svědectví o prostém potěšení ze sdílení nápojů, sladkostí a věcí sdílených ve společnosti přátel a blízkých.

Ať už jste popíjeli kořeněný jablečný mošt pod hvězdami, dopřávali si mazlavé s'mores u ohně nebo sdíleli pikantní sousta s přáteli, věříme, že tyto ohřívače u krbu dodají vašim venkovním zážitkům nádech kouzla. Kéž se koncept setkání u ohně kromě receptů stane zdrojem radosti, spojení a vytváření uctívaných vzpomínek.

Když si budete i nadále užívat tepla táborového ohně, kéž jsou „NEJLEPŠÍ OHŘÍVAČE KRBU 2024" vaším důvěryhodným společníkem, který vám poskytne řadu nádherných možností, jak vylepšit vaše venkovní chvíle. Tady jsou praskající plameny, útulná setkání a dokonalé ohřívače u krbu, které dělají každý večer venku výjimečným. Hurá na vytváření trvalých vzpomínek u táborového ohně!

www.ingramcontent.com/pod-product-compliance
Lightning Source LLC
Chambersburg PA
CBHW071910110526
44591CB00011B/1628